소리와 인생

류재성 시집

오늘의문학사

소리와 인생

일러두기

본문에 사용한 '>' 표시는 연과 연 사이의 '빈 줄'을 나타냅니다.

| 시인의 말 |

孔子께서는 시경 300여 편을 한마디로 "思無邪"라 했다. 민중들 사이에서 널리 유행하던 民謠들 속에 당시의 사회상과 민중의 숨결이 가감 없이 그대로 녹아들어 있다는 뜻이었을 것이다.

내가 쓴 시는 어디까지나 나의 숨결이지만, 거짓이 없다는 뜻에서 감히 "思無邪"와 통한다고 생각한다. 우여곡절이 많았던 지나온 세월 속에서 스쳐 지나갔던 수많은 사색의 破片들은 적어도 나에게는 是非의 문제가 아닌 진실의 문제이다.

그동안 쓰고 발표해 온 詩들을 다듬고 정리하여 늦은 나이에 시집으로 엮었다. 어쩌면 나의 넋두리일 수도 있겠지만, 그때 그 순간만큼은 진실이었다는 점에서 용기를 내고 감히 독자들과의 교감을 기대해 본다.

당연히 나름대로의 해석과 이해를 통한 독자의 몫을 인정하지만, 한 편이라도 교감을 넘어 공감하고 각자의 인생을 돌아보는 계기가 되고 사물을 다른 각도에서 바라보는 계기가 되었으면 하는 간절한 바람을 가져본다.

2024년 가을에 南仙公園下 都心庵子 陋室에서
奎門 柳 在 成

| 목차 |

시인의 말 ················· 5

1부 소리와 인생

산방의 봄 ················· 13
산방(山房) 가는 날에 ················· 14
절필(絶筆)의 위기에 선 시인에게 ············· 16
산방을 그리며 ················· 18
판소리 ················· 20
소리 배우기 ················· 21
박타령 ················· 22
소리와 인생 ················· 24
대청호반의 소리꾼 ················· 25
대청호반은 해방공간이다 ················· 26
흥보가 완창 공연 ················· 28
소리꾼 산에 오르다 ················· 30
도살풀이 ················· 31
유성 닷새장의 출연진(出演陣) ··········· 32
식당에 눈물 같은 고독이 기다린다 ············ 34

2부 흔적

장독대 혼유석(魂遊石) 되어 ·················· 37
그저 그저 ·················· 38
폐가를 허물다 ·················· 40
포대화상이 된 항아리 ·················· 41
흔적 ·················· 42
여름의 추억 ·················· 44
고향역 회상 ·················· 45
오래된 우물 ·················· 46
낙엽수상(落葉隨想) ·················· 48
가을 산안개 ·················· 49
가을 나비 ·················· 50
가을의 미학 ·················· 51
가을은 해탈이다 ·················· 52
동월계곡 가을 소식 ·················· 54
봄이 오는 소리 ·················· 55

3부 도시탈출

하늘정원의 밤 ······················ 59
등대단상(燈臺斷想) ················ 60
홀로 가는 포장마차 ················ 62
남선(南仙)공원을 거닐며 ··········· 63
도심의 암자(庵子) ·················· 64
도시탈출 ·························· 65
매미와 나 ························ 66
시월에 ···························· 67
지하에 숨다 ······················ 68
땅에 그리다 ······················ 69
실거미 ···························· 70
도시의 골목 ······················ 71
헌책방은 북 카페다 ················ 72
명함은 ···························· 74
가는 세월로 오는 봄 ··············· 76

4부 민들레

오늘을 붙잡다 ······················· 79

강아지는 애물단지 ··················· 80

도심의 가로수엔 동안거가 없다 ············ 82

할머니의 난로 ······················· 83

청포대 밤바다는 ······················ 84

상림공원 연리목 ······················ 85

꽃의 여인 ·························· 86

연꽃 ······························ 88

민들레 ···························· 89

민낯으로 산다 ······················· 90

강아지를 닮았다 ····················· 91

대단한 용기 ························ 92

삶과 죽음의 진행형 ··················· 93

은행나무 ··························· 94

5부 독백

이심전심 ········· 99
독백 1 ········· 100
독백 2 ········· 102
무위의 자유 ········· 104
침묵의 변 ········· 105
카톡 ········· 106
시간과 흔적 ········· 108
거시기하다 ········· 109
진실은 외롭다 ········· 110
하늘 강둑이 무너졌나 ········· 112
노년의 삶 ········· 114
멍든 가슴 먹물 되어 ········· 115
해어름의 사색 ········· 116
봄은 침묵의 종착역 ········· 118

작품 해설_문학평론가 리헌석 ········· 119

1부

소리와 인생

산방의 봄

낙엽이 드러누운 자리
썩음의 향기를 머금은 산자락

봄비를 마중물 삼아
여린 새싹은
4월의 잔인함을 딛고서
무서운 힘으로
홀로서기를 시도한다

봄비를 맞은 들풀의 비릿한 내음
게으른 시심을 깨움 직한데
걱정 한 짐 지고
산방을 떠난 시인은 소식이 없다

존재의 소멸을 외치던
고통의 뿌리가
충분히 썩지 않은 모양이다

썩음의 향기를 한 아름 안고
시인을 기다리는 산방의 봄

산방(山房) 가는 날에

가슴이 시퍼렇게 멍든 날이면
침몰하는 몸뚱이를 이끌고
소나무 세 그루 우두커니 서서
대지의 젖을 빨고 있는
산방에 간다

먼 길을 오느라 지친 바람이
솔잎에 부서지는 소리
몸을 풀며 토해내는
환영(幻影)들과 씨름하면서
무너지는 노을을 맞는다

어둠과 함께 다가온
풀 내음 가득한 산방
삶의 무게로 밤의 숨통을 조이며
깡소주 한 병에
오장육부를 훑어 내고
유서처럼 맴도는
언어를 불사른다

〉
회한의 부스러기를 베개 삼아
무심(無心)에 영혼을 싣고
존재의 소멸을 맛본다
산새들이 아침을 물고 올 때까지

솔잎 사이로 서성이던
검푸른 안개
대지의 숨결에 몸을 숨기면
회색 구름 한 짐 지고
산방을 나선다

절필(絶筆)의 위기에 선 시인에게

모두가 위선과 거짓투성이라고 하면서
너나없이 써대는 시도 예외가 아니니
더 이상은 시를 쓸 수 없다고 했지

위선과 거짓을 잘 포장하는 사람들 속에서
살 수밖에 없는 삶의 무게를
그대가 모두 짊어진 양
깡소주 한 병에 존재의 소멸을 외치던
그 모든 것이 위선이고 거짓이었단 말인가

진실은 순간에 있고
순간의 진실은 후회하지 않음으로
추억 속에 영원한 것이 아니겠나
시적 진실은 아주 특별한 순간에
예외적으로 존재하는 것 아닐까

오늘의 잣대로 시를 쓸 당시의
섬광같이 빛나던 순간의 진실을
재해석하지 말게나
시적 진실의 해석은
갑골문자의 해독 같은 것 아니겠나

〉
바쁘게 돌아가는 그대의 일상으로 잊혀진
섬광으로 빛나던 그 순간의 진실
오랜 세월 이겨내고 남아있는 상념
아니면 지금 그대의 일상 속에
번뜩이며 스쳐가는
절실한 그 무엇을 잡아 써보게나

모든 사람이 그대가 쓴 시정신을
이해하여 주기를 바라지는 말게
그건 독자의 몫이 아니겠는가
깡소주 힘을 빌려도 좋네
한번 써보지 않겠나

산방을 그리며

온 세상이 하얀 눈으로 가려진
비닐 움막 속의 컨테이너박스
색 바랜 추억을 소환하는 온갖 공작 도구
유화 도구 화목난로 색소폰 트럼펫 골프채
한때 야무진 꿈을 함께 했던 농기구
세월에 농익은 술항아리
그리고 서책들이 널브러져 더욱 정겹다

스쳐지나가는 것이 바람뿐인
죽은 자의 영혼이 속삭이는 언덕
밤하늘 별을 볼 수 있는
외진 곳에 산방을 꾸렸다
때로는 불에 때로는 술에 때로는 바람에
때로는 적막에 멍때리는 슴슴한 삶의 맛
도둑같이 다가오는 고독
떼 지어 떠오르는 상념을 지우며 삶을 그린다

덧칠하거나 수정할 이유도 없다
묵언수행으로 안내하는
홀로 마시는 술
그리고 멍때리는 순간에서
참 나를 찾는 자유인

〉
뿌리 깊은 고독을 넘어
타인의 시선을 의식하지 않는
자유로운 영혼의 존재 방식

감내해야 할 절망도
꿈꾸는 희망도 없는
무위의 공간 무위의 삶
아는 형님의 산방을 그리는 도시의 자연인

판소리

자유에 몸을 숨기고
시나브로 찾아오는 권태
지름소리로 토해내며
가슴 생채기
목제비로 밀어낸다

설익고 힘에 겨워
상기된 얼굴
목선 따라 돋는 힘줄은
소리가 곰삭는 몸부림

세월의 담금질 따라
잘 익으면
겨레의 혼이 깃든
나랏소리
하얀 도포 자락에 실어
합죽선 발림으로
날려 보내리라

소리 배우기

소리 배우기는
작두로 샘물 퍼 올리기다
곰삭은 목 마중소리 삼아
퍼내야 하는

소리 배우기는
무지개 잡기다
곰삭은 마중소리 쫓아가면
다시 멀리 가 있는

소리 배우기는
영적 체험이다
체험해 보지 않고서는
도저히 알 수 없는

소리 배우기는
체기를 토해냄이다
숨어있는 앓는 소리
토해내어 시원한

박타령

행여나 혹여나
성공담에 취해 타면
놀부네 박 될세라
가난한 마음 실어 타면
흥보네 박 될세라

달빛 머금어 더욱 정겨워
추억 담아 속을 채운
초가지붕 박 한 덩이
우연의 가면을 쓰고 다가온 인연
톱날 삼아 타볼까

"시리렁 실근 톱질이야.
에여루 톱질이로구나"

갈무리 인생길에 타는 이 박
득음은 언감생심이려니
한 소리만 나오너라

"에여루 당거주소"

〉
가슴 생채기 날려 보내고
소망의 작은 씨앗 키워 볼거나

"에여루 톱질이로구나"

소리와 인생

진양조로 오던 세월
때 지난 아쉬움
아니리로 풀어내며
계면조 신음 소리에 날려 보낸다

휘모리로 앞서간 사람
성공담에 취하여
자진모리로 뒤쫓는 사람
중모리로 힘겹게 뒤따르는
아홉 사람 무리 떠나
무시로 고개를 내미는 희망
지름소리에 실어 보낸다

영혼의 정조대 풀어 제치고
들러리 선 아홉 사람
대오를 이탈한 외기러기
열 번째 사람 되어
휘몰이로 가는 세월
중모리로 돌려놓고

지난 세월일랑
빛나는 실패로 재구성하여
엇모리로 산다

대청호반의 소리꾼

시간의 파편 엮어
허무의 찌꺼기로 빚은
득음의 푸른 꿈 하나
풍등(風燈)에 실었다

일상의 소용돌이에
실존이 가물거리면
고요 속에 몸을 숨긴
천지의 숨소리
호숫가 작은 방에 들여놓고
耳順의 열정 불씨 삼아
온몸 태워 삶는다

말 못 할 사연
무시로 기웃대는 상념
몸살로 달군 소리에
실어 보내고 방문을 나서면
위로처럼 다가오는 바람 타고
잘 익은 소리 실은
풍등이 올라간다

대청호반은 해방공간이다

끈질긴 업보의 사슬 풀어
일상의 일탈을 꿈꾸는
대청호반의 작은 쉼터

도예공방 오네마루에는
감당할 수 없는
자유에서 탄생한
고독이 살고 있다

무시로 기웃거리는
상념을 밀어내며
시간을 뒤로 돌리는 흔적들

모깃불 쑥향이 어린 멍석
그리움으로 매달려 있고
절구 확독 가마솥 홀태 풀무가
세월의 무게로 앉아 있다

어눌한 말솜씨로
옛이야기 전하는
고향의 숨결 고운 흙을

미련으로 짓이기고
비 온 뒤 죽순처럼 솟아오르는
고향 생각으로 빚어낸다

회한을 불쏘시개 삼아
열정 태워 구워낸 질박한 찻잔은
밭뙈기에 마술을 부리던
까칠해서 더욱 정겨운
어머니 손이 되었다

삶의 무게로
아리는 삭신을 달래며
미련 털어 꿈을 만드는
오네마루는 해방공간이다

흥보가 완창 공연

푸른 꿈 하나
풍등(風燈)에 실어
不狂不及으로
인생 후반 열정 태워
회색 구름 너머 띄웠다

인연 따라 지어진 매듭
희로애락 감정 풀어
아니리로 이랑 짓고
몸살로 달구어
한 세월 익힌 소리
장단에 실어 쏟아낸다

명고수 추임새 따라
하나 되는 가슴
소리꾼 신명 타고
소리가 춤을 춘다

꺾고 굴리고 던지며
밀고 당기는 목 타고 노는
구성진 시김새

봄 나비 날개로
살랑이는 도포 자락
새악시 수줍음으로
미끄러지는 외씨버선

지름소리 몸살의 무게로
잘 숙성된 소리
부적 같은 너름새에 실어
흥보네 박씨 한 줌
공연장에 뿌렸다

소리꾼 산에 오르다

삶의 무게 허무로 밀려오고
이름 모를 회한
무료(無聊)로 다가서면
숲속에 숨어있는 소리 찾아
산에 오른다

잡초처럼 끈질긴
상념의 푸른 싹을 밟으며
솔바람 소리 요량잽이 삼아
내지르는 소리에
잡스런 미련 털어내고
오장육부에 또아리를 튼
우수(憂愁)의 찌꺼기
흥보가로 훑어낸다

실존의 씨앗
득음 한 조각 챙겨
퍼버리는 지름소리에
세월이 간다
소리가 익어 간다

도살풀이

봄바람 타고 살랑이는
당산나무 잎새
천년의 숨결
젓대로 불러오면
한 서린 신명
하얀 천 혼줄 타고 내려와
화창한 봄날 한숨 잘 잔 고양이
기지개 펴듯 일어선다

구름 위를 걷듯
미끄러지는 하얀 버선에
젓대소리를 싣는다
놀란 듯 퍼덕이는 어깨로
맺힌 한 불러 모아
삭풍에 한들거리는
갈대밭 춤사위로 날려 보내고
그래도 남은 가슴앓이 끄집어내어
하얀 천 휘둘러 털어낸다

고뇌의 몸짓으로
영혼을 위무하는
달빛 춤사위 율려(律呂) 타고 흐른다

유성 닷새장의 출연진(出演陣)

길가에 널빤지 깔고
엉덩이 붙이면 그만이겠지만
언제부터인지는 모르나
으레껏 목 좋은 곳 일정한 자리에
터 잡고 앉아 있는 여인네는
닷새장의 조연(助演)이다

인적이 뜸한 자리에
텃밭에서 키웠음 직한
상치 한 무더기
정구지 몇 묶음 한켠에 놓고
마늘 콩깍지 까고
쪽파 다듬으며
웅크리고 앉아 있는
이따금 장터에 나오는
허리 굽은 할머니는
닷새장의 주연(主演)이다

봄을 마무리하듯
비가 흠뻑 내린 닷새장
장터 끝자락에

죽순 한 자루 열어젖혀 놓고
세월의 무게만큼이나
깊게 파인 훈장 달고
우두커니 앉아
어떻게 파느냐는 물음에
영동에서 기차 타고 왔다며
서툴게 흥정하는
우연한 행운을 기다리는 할아버지는
닷새장의 특별출연이다

식당에 눈물 같은 고독이 기다린다

거부할 수 없는 시간
의무이듯 찾아오는 점심
그만둘까 하다가
때 늦게 혼자서
한가한 식당에 들렀다
주문도 하기 전에
대단한 선심이나 쓰듯
다음부터는 같이 오랬다

그날 이후
함께 할 이가 없으면
아예 점심을 걸렀으나
어쩌다
국밥집이나 분식집 아닌
식당에 갈 때면
마치 죄인이나 된 것처럼
혼자도 되느냐고 묻는다

누군들 혼자서 식사하고 싶으랴
식사도 눈치를 봐야 하는 세상!
식당에 눈물 같은 고독이 기다린다

2부

흔적

장독대 혼유석(魂遊石) 되어

시골 빈집의 뒤란
툇마루에 맷돌 하나
잡초를 벗 삼아
그리움으로 맴돈다

추운 겨울 이른 새벽
군불을 지피는 이 있어
깊은 정 토해내던 굴뚝
장승처럼 서 있다

대를 이어
씨간장을 담아내던
커다란 항아리
세월을 곰삭히며 앉아 있다

대숲 사이를 지나는
흐느끼는 바람 소리에
달빛마저 흔들리면
장독대 혼유석 되어
폐가를 깨운다

그저 그저

새벽녘 대나무 숲
이슬 머금고
서성이는 소슬바람
뒤란 장독대에
정화수(井華水) 한 사발

그저 그저 그저 그저
아무쪼록
비나이다 비나이다

어머니 귀히 쓰던
그릇 하나
주방 개수대 곁에 두고
수돗물 정화수 삼아
오늘도 내일도

그저 그저 그저 그저
아무쪼록
비나이다 비나이다

〉
영험하다는 소문을 듣고
법당에서, 칠성각에서
산신각에서

그저 그저 그저 그저
아무쪼록
비나이다 비나이다

어머니의 대물림
아내의 "그저 그저"

인연 있는 모두는
"그저 그저"의 그림자

폐가를 허물다

가신 님 그리며
힘겹게 버티며 서 있던
사랑채
문간채
어느 날 사라졌다

등 따뜻하고
배부른 이들 뒤에
가슴 태우던 흔적

어머니
어머니
어머니

한여름
사정없이 퍼붓는 햇빛
까만 구들장 무더기
미련의 무덤 되었다

포대화상이 된 항아리

씨간장 담아내며
한 세월을 보낸
텅 빈 항아리
추억을 되새김질하며
그리움의 무게로 서 있다

콩 팥 참깨 들깨며
무말랭이 건고구마순 호박고지 건가지 등
온갖 채소 묵나물들
행여나 자식 올까
채곡채곡 담아 놓고
고루 섞어 내주시던
어머니 소원 다 못했나

아직도 미련 남아
만삭이 된 배를 내밀고
장독대 지키며
포대화상 되어 앉아 있다

흔적

한 해가 가고
또 가고
그렇게 백년 넘어 세월을 버티다
안채가 사라진 자리
육탈이 잘된
뼛가루 같은 백토
옛터엔 햇살만 눈부시다

한때는 4대가
몸 부딪치며 살던 곳
피붙이들의 추억과 회한(悔恨) 사이
어디메선가
이어질 가문의 흔적
의미심장한 침묵
우물 안에 숨어든 정령(精靈)들이
각개 약진으로 튀어나와 속삭인다

비 온 뒤 주홍꽃 그리도 곱던
담장 곁에 석류나무
한여름 대청마루
시원한 바람 담아내던 뒤란에 대숲

조상님께 생전의 맛 내주던
정지 뒷문 가에 배나무
도란도란 이야기 알알이 정겹던
우물가에 앵두나무
새콤달콤 속살을 내주던
헛간 곁에 살구나무
까치 소리 정겹던
대숲 언덕에 깨죽나무
사랑채 지키던 울타리 탱자나무

우물 안에 조왕님 성주님이 계시고
나를 보는 내가 있다

시나브로 사라질 기억
그 "있음"으로 이어질
흔적과 기억 사이를 넘나들며
수수께끼 풀듯
옛살나비를 그린다

여름의 추억

숨 막히는 한낮
뙤약볕 이고 앉아
채마밭 매던 어머니는
견딜 만하겠거니
특이 체질이려니
어찌 그리 견디셨나

두레박 우물 길어
등목을 부탁한 후에
삼베 잠뱅이 등거리 걸치고
네 짝 분합 들어 열개문
들어서 열어 놓고
미시기 뒷문 활짝 열어 제치면
지난밤 찬 기운 머금고
대숲에서 불던 맞바람

30년 세월을 버틴
어머니 손수 지어주신
삼베 옷가지 걸치고
이부자리 깔고 누워
열대야를 맞는 이 밤
대청마루가 된 침대 곁에
어머니 웃고 계신다

고향역 회상

그림자 길어지고
칼바람 에이는
황혼녘 시골 기차역
칙칙폭폭 달리던
역마의 모습 까마득하다

비상의 날갯짓 포기하고
희망을 게워 낸다
남루한 과거를 부둥켜안은 채
기다리던 시간보다 더 오래 아파하며
모든 기억을 지워야 한다

생각의 깊이만큼 또렷해지는
빛바랜 사진들의 환영(幻影)

갚을 수밖에 없는 공중 채무
허무의 징검다리를 건너
무념을 넘어 무아를 꿈꾸는

하냥없이 이어지는
감내할 수 없는 침묵

오래된 우물

바싹 야윈 몸
굽은 허리 펴고
힘들여 물 긷던 이
가신 지 이미 오래되고

부엌 한켠 조왕물로
장독대 모서리 정한수로
피붙이들 소원 비는 이 없어

이끼 낀 돌확 텅 빈 항아리
올망졸망 단지 몇 개 벗 삼아
버티고 서 있는 너

외로워 마라
아직도 네 깊은 곳 어둠 속에
포도나무 앵두나무
정령들이 숨 쉬고
감나무 한 그루 진달래 한 무리
네 곁에 있다

〉
장승같이 눈 부릅뜨고 기다려라
정갈한 몸뚱이
아낌없이 내어주던 피붙이가 몇이더냐
다시 한세월 가도
네 피붙이들 내림으로
추억의 실마리가 될 것이니

먹줄 되어 버티거라
백년 세월 4대가 숨 쉬던
안채, 사랑채, 문간채
뒷간, 토굴, 흙담, 대숲이며
살구나무, 배나무, 복숭아나무
석류나무, 탱자나무까지

미련 남아 네 곁을 맴도는
정령들의 속삭임에
가슴에 메어
응답하는 이 있을 때까지

낙엽수상(落葉隨想)

거꾸로 가는 시계를 차고
마른 목숨을 기다리는
당신은 누구인가

씨알 하나 남기고
몸으로 쓴 유서를 보고 싶은
당신은 누구인가

선홍빛에 몸을 숨긴
미련의 흔적을 바라보는
당신은 누구인가

녹음에 지쳐
피멍이 든 한(恨)을
불사르고 싶은
당신은 누구인가

가을 산안개

새색시 꽃판을 어루만지며
서성이는 안개여

슬며시 보여주고
옷섶 여미며 돌아서는
너로 하여
초야의 설레는 가슴
이미 타오르는 불길

한 줌 재가 될지라도
그대 밉고도 고운 이여
꿈속을 헤매는
목마른 그리움이여

가을 나비

버림으로 천년을 버티어 온
보석사* 은행나무
수도승처럼 서 있다

늦가을 귓불 시린 바람
치어 오름에
한여름 꿈의 잔해
못내 아쉬운 듯 난무한다

땅심 깊은 곳에 숨긴
미련의 흔적
드러난 뿌리
금빛 이불로 덮는다

노란 은행잎
가을 나비 되어 벌이는 춤판은
추락하는 것에도 날개가 있어
다음 생을 기약하는
버림의 미학 승무다

* 보석사 : 충남 금산군 남이면 석동리 사찰

가을의 미학

밤바람 타고
소리 없이 골목길로 온다
시나브로 다가와
이른 아침 슬며시
얼굴을 들이민다

상쾌한 아침 바람은
갈무리를 재촉하는 신호
에누리 없다
이제 돌아갈 때다

내려놓지 않으려고
머뭇거리고 버티면
시들고 죽는다

미련일랑 훌훌 털어
땅심 깊은 곳에
내려놓은 흔적
단풍은
다시 사는 자연의 미학이다

가을은 해탈이다

푸르던 생애를 던져
동안거(冬安居)를 준비하는 파리한 몸뚱이
미련을 떨치지 못하는
꿈의 파편 낙엽

부적 같은 몸짓으로
몸살로 달군 선홍빛 단풍은
잎새의 연정이다

삭신이 욱신거리는 마지막 숨
몰아쉬는 숨 단풍은 나무의 달거리
생명이 발효되는 초록의 꿈

눈물이듯 가을비 내리면
뭇 생명이 요동치는 숲에서
숙주(宿主)가 된 땅심에 몸을 숨긴다

돌아갈 준비도
다시 올 준비도 털어냄이다

썩을수록 향기로운
숲의 향기

마지막을 준비하는
버림의 생존의 미학

무소유의 동안거를 결제(結制)하는
가을은 해탈이다
고개를 들어 푸르른 하늘을 보라

동월계곡* 가을 소식

입추가 지난
찜통 같은 무더위
도시를 탈출한
자유인의 숲속 별장

시원한 소맥 한 잔
블루베리 그늘막은
해방의 공간

풍경소리로
가을 소식 전하고는
홀연히 사라지는 돌개바람

* 동월계곡 : 충남 공주시 반포면 소재

봄이 오는 소리

거북이 등으로 몸을 감싸고
겁 없이 올라간 가로수
하늘을 향해 높이 솟은 우듬지
숨비소리 뿜으며 비상을 꿈꾼다

겨우내 움츠렸던 옹알이
단잠을 깨어 토해내면
가지마다 돋는 파란 음표들은
진양조 되어 봄이 오는 소리 전한다

세월이 오는 소리를
가슴으로 느끼며
눈으로 보는 봄이다. 봄!!

류재성 시집 『소리와 인생』

3부

도시탈출

하늘정원의 밤

그 많던 별들은
내 고향 청보리밭에
모두 떨어지고
하늘에는 검푸른 지붕만 있다

황폐한 대지에는
별을 삼킨 역마(驛馬)가
거친 숨으로 꿈틀댄다

풀잎 사이를 스치던
실바람 소리는
양각(陽刻)으로 새긴
욕망의 빌딩숲에 흩어지고

우주의 소리를 전하는
희미한 달빛
미소처럼 다가와 허무로 사라진다

명멸(明滅)하는 시어(詩語)를
담뱃불로 태우며
터지는 외침을 허공에 날린다

등대단상(燈臺斷想)

나 뜨거웠던 그때
이른 새벽안개 속

헤매임의 끝자락에서
떠밀리듯
잿빛 바다에 닻을 올렸습니다

거친 바람 거센 파도에
핏빛으로 지칠 때도
언젠가
금구슬 한 아름 안고
돌아가 쉬리라는 환상으로
바람에 꿈을 날리고
파도에 몸을 실었습니다

이제는
때가 이르렀음을 알리는
고동 소리 희미할 때
여전히 그 자리에서
돌아오라 불 밝히는
당신은 너무 멀리 있어

그동안 건진 은구슬 한 조각도
돌아가 쉬기에는
오히려 짐이 될 뿐입니다

황혼을 뒤로한
별빛 하나 없는 밤
귀향의 꿈을 바람에 날리고
지는 꽃잎을 파도에 띄웁니다

홀로 가는 포장마차

떠밀려 사는 일상이
숨통을 조일 때면
홀로
골목길 포장마차에 간다

권하는 이 없어 좋고
"위하여"가 없어 더욱 좋다

생막걸리 한 사발에
인연의 끈을 풀어 제치고
또 한 사발은 눈물로 삼키고
또 한 사발은 한숨으로 들이키고
또 한 사발은 추억으로 넘기면
또 한 사발은 해방
또 한 사발은 자유
또 한 사발은 존재의 소멸이다

그대로 엎어져 코 고는 소리
천지의 숨소리 타고
피안(彼岸)에 있는데
미련 남은 이들의 "위하여"에 놀라
차안(此岸)의 일상(日常)
문턱이 보이면
또다시 이어지는 殘命!

남선(南仙)공원*을 거닐며

불노문(不老門)을 들어서며
불현듯 스치는
남선(南仙)의 야무진 꿈을 붙잡고
언덕을 오른다

줄지어 늘어선 단풍나무 사이
이미 검붉은 몇 그루
머지않은 내일의 그날을
웅변하며 서 있다

내려놓음의 미학으로
무심히 내딛는데
망이 망소이의 넋이
칼과 죽창을 들고 서서
그렁저렁 사는 것도
감사할 일이라며
돌아가라 이른다

하얀 쌀밥에 배부른 것도
어떤 사람에게는 큰 꿈이었다며
이팝나무 흰 꽃이
흐드러지게 피었다

* 남선공원 : 대전시 서구 탄방동 도시근린공원

도심의 암자(庵子)

도시의 거친 숨이
고이 잠든 지하 공간

끈질긴 생명력으로
고개를 쳐드는 상념
의식의 덧없는 나들이
절대 포기로 잠재운다

비움에서 오는 자유
그에 빌붙어 오는 무기력이
무시(無時)로 실존을 위협하면
남은 생을 훔쳐본다

침묵으로 포장된
오만과 독선이
숨 쉬며 꿈틀대는
지하 공간은 도심의 암자다

도시탈출

별을 보려거든
눈을 감아라

바람 소리 들으려면
귀를 막아라

무지개가 그립거든
도시를 떠나라

매미와 나

일곱 해를 기다리다
이레를 울부짖고
고요에 몸을 숨긴다

기다리지 말라
어차피 올 것은 오고
갈 것은 간다

붙잡지 말라
어차피 갈 것은 가고
올 것은 온다

고독에 지쳐
존재의 이유를 찾아 나선 그대
언제 한번 만나자던
그 오랜 망설임의 끝자락
잠간의 만남

생각의 깊이만큼 자라는 허무
땡볕을 퍼붓는 오후
피를 토하며 울부짖는다

시월에

늦가을 돌개바람
거부하는 몸짓으로
부여잡은 삶의 무게

업연의 끈을 풀고
떨어지는 꿈의 시체들

시계가 없어도 상관없는 황혼에
켜켜이 쌓이는 낙엽들 밟으며
서성이는 나그네

멋진 소멸을 꿈꾼다

가을비에 퀴퀴한 내음
꽃보다 향기롭고
묵은 된장 맛이 더욱 그립다

숨 쉬는 것 자체가 존재 이유가 된
되돌아갈 수 없는 시월 인생

지하에 숨다

떠밀려 쉬는 숨 가쁘고
이름 없는 회한이
가슴을 짓누르면
어둠 속 강요된 침묵에
나를 숨긴다

자유의 싹이
잡초처럼 고개를 내밀면
겨렛소리에 실어
비명으로 날려 보내고
어둠의 심연에 목을 내밀어
알량한 고독을 낚는다

한때는
사치고 꿈이었던
어둠이 일상이 되니
침묵의 무덤가에
할미꽃 한 송이 피었다

땅에 그리다

붓이 된 예초기
물감이 된 땅
자연 담은 풍경의 씨앗
땅에 그린 얼개

햇살이 보듬고
비바람이 애무하는
그림 하나 그렸다

세월 따라 숨 쉬는
땅에 그린 그림
영감(靈感)의 바다에
월척의 꿈 심어놓고
순간을 낚시질한다

실거미

후미진 구석 한켠에
텃밭 일구고
집행유예가 선고된 삶을
마냥 기다린다

하릴없이 어슬렁거리며
녹슬어 사라지랴
그래도 헛일 삼아
닳아서 없어지랴

기약 없는 세월
헛일 삼아 버둥대며
알량한 지하 공간에
둥지를 틀었다

누실명(陋室銘)을 쓴
옛 시인을 생각하며
서책을 벗 삼아
세월을 낚는 그대

어차피 그대와 나는
한 배를 탄 나그네

도시의 골목

추락하는 이에게도
열정이 있다는 것을
아는지 모르는지
골목에서 자란 아이들
열기구 타고 날아갔다

시멘트로 포장하고
벽화로 치장한들
절로 자란 담벼락에 나팔꽃만 하랴
어차피 흙 내음 날아간
고샅길의 사생아인 걸

그렇지만
추락의 숙명이 시작된 이들이여
감내할 수 없는
중력의 가속도가
그대를 박살 내기 전에
낙하산이 되어줄
골목으로 오라

헌책방은 북 카페다

시간을 죽이고 싶을 땐
원동 헌책방에 간다

북 카페의 세련된 분위기보다
켜켜이 쌓인 먼지
퀴퀴한 내음이
오히려 정겨운 것은
耳順을 훌쩍 넘은
나이 때문만은 아니다

책 이름
때로는 차례까지
때로는 대강의 내용까지 살피며
때로는 밑줄 친 곳
남긴 메모 몇 자로
옛 주인의 생각을 가늠하면서
명함 주고받듯
간단한 인사를 나누고
원할 땐 언제나
내 곁에 있어 줄 벗을 찾는다

〉
체계적으로 분류해서
깔끔하게 정리해 놓으면
오히려 잘 팔리지 않는다며
어지러이 널브러진 책들 사이로
건네주는 커피 한 잔이 있어
더욱 정겨운
헌책방은 북 카페다

명함은

명함은
떠밀려 사는 허상
인생의 그림자

명함은
바람이듯 구름이듯
사람의 향기로
살고 싶은 이에게
영혼의 가리개

명함은
자유로운 영혼의
만남을 꿈꾸는 이에게
박제된 새의 날개

명함은
눈먼 사람이 만지는
코끼리 껍데기
오해의 실마리

〉
참된 만남의 시작은
스치는 바람의 향기
차라리
모름의 상상력이 매력이기에
명함은 단지 필요악이다

가는 세월로 오는 봄

땅심에 몸을 숨기고
서리서리 얽힌
업연의 질긴 끈
풀어내는 지하 공간

욱신거리는 삭신
파리한 몸뚱이에서 터지는
검푸른 신음
깃발 들고 일어선다

살금살금 슬금슬금
앙금앙금 엉금엉금

어둠과 적막에 숨은
잿빛 아우성
천지의 숨소리

생존의 무게를 토해내는
지하 공간에
가는 세월로 봄이 온다

4부

민들레

오늘을 붙잡다

추억의 블랙홀에
증발한 오늘
어제를 팔아 사는 길은
죽음에 이르는 길이다

꿈의 허상에
담보 잡힌 오늘
내일을 빚내어 사는 길은
속아 사는 길이다

승자의 저주가 없고
패자의 행운이 있는
내가 숨 쉬는 오늘은
자유의 길이다

"까르페 디엠"

강아지는 애물단지

잠자리에 누우면
어김없이 곁에 와서
머리를 들이밀며
부벼대고 뒹군다

한바탕 목덜미를 어루만지며
달래 주지 않고서 이불을 덮으면
정확히 손 있는 부위를
연신 긁어댄다

언제부터인가
요구를 들어주지 않고서는
먼저 잠이 들 수 없는
가련한 신세가 되었다

어쩌다
밥 주는 것을 잊어버리면
아내까지 나서 야단이니
이사 갈 때 챙기는 순서에
강아지가 먼저라는
세간의 말이 사실인가 보다

〉
아내가 원치 않는
외박을 하고 돌아온 어느 날
어젯밤 강아지가
현관에서 당신을 기다리며
꼬박 밤을 새웠단다

시나브로 강아지는
미운 정 고운 정으로 나를 구속하는
애물단지가 되었다

도심의 가로수엔 동안거가 없다

옹이진 상처 보듬고
발가벗은 몸뚱이 가누며
간절함의 깊이로
목석 되어 서 있다

빌딩숲 휘몰아치는
한겨울 칼바람
홀로 마신 술에
휘청이는 사지를 이끌고
잠시 기대어 한숨 토하는 이에게
지난여름
매미의 일생을 이야기해 준다

기약이 없기에
더욱 간절한 우연을
하염없이 기다리는
도심의 가로수엔
동안거가 없다

할머니의 난로

금요 장터가 열리는
아파트 정문 근처
골목길로 접어드는
보도 끝자락

유난히도 추운 탓인지
발길이 뜸한데
서리태 팥 녹두 참깨
두루 펼쳐 놓고
제법 큰 깡통 위에
털 쉐터 솜바지에 목도리 두르고
할머니가 앉아 있다

그냥 지나치는 것이
죄짓는 것 같아
"할머니 너무 춥지요?"
깡통을 가리키며 말했다
"견딜 만해요. 이 안에 촛불이 있어서"

청포대* 밤바다는

하늘 높이 쏘아 올린
희망의 작은 알갱이들
삶의 무게로
가랑비 되어 내리는
물안개 자욱한
청포대 밤바다는 자연의 법칙이다

누군가 추억을 만들며
걸었던 발자국 세월의 파편을
파도 소리 장단 삼아
하냥없이 지우는
청포대 밤바다는 우주의 법칙이다

억겁을 두고 되뇌어온
밀려오고 밀려가는
허무의 숨결 파도에
아무런 흔적 없이 사라질
발자국을 남기며
멋진 추억 하나 만들겠다고
비 맞으며 걷는
청포대 밤바다는 삶의 법칙이다

* 청포대 : 충남 태안군 남면 원정리 해수욕장

상림공원* 연리목

하나가 아니다
둘도 아니다
둘이면서 하나이고
하나이면서 둘이다

빨리 가려면 혼자 가고
오래가려면 둘이 가라
혼자 가면 살며 죽고
둘이 가면 죽으며 산다
그러나
하나일 수 없는 둘
둘일 수 없는 하나

다름 키워 둘이 되고
숙명 받아 하나 되어
존재의 벽을 무너뜨린
그대와 나는 연리목

* 상림공원 : 경상남도 함양군 함양읍 운림리 소재

꽃의 여인

단절의 공간에
온갖 꽃 오롯이 모아 놓고
모정으로 키운다

이름 잃은 꽃들에
이름을 찾아주고
생명의 밀어 받아
꽃말을 성형하며
소통의 공간을 만든다

상념의 파도가
일렁이는 꽃무리는
싱싱한 시어(詩語)의 바다

꽃무리야
사랑의 언덕 넘고
연민의 강을 건너
마침내 집착의 늪에 빠진
여인을 구원하라

〉
성형된 꽃말로 다시 태어나
여인의 가슴에 피어라
봄동의 생명력으로 솟아
모정에 응답하라

꽃바람아 불어라
생명의 밀어를 속삭여
삶에 의미를 주고
여인을 춤추게 하라

연꽃

잿빛 수렁 깊은 어둠
업연의 실마리

비움으로 풀어내며
흐린 세상에 펼친 날개

일심으로 세운 꽃대
분홍빛 얼굴

미소로 속삭이며
전하는 거룩한 이심전심

민들레

우연의 바람 타고 불어온
숙업의 인연 매서운 칼바람에
겨우내 자신의 모습을
흔적 없이 지웠다

돌개바람에 움츠린 어깨를 추스르며
지르는 외마디 비명
감내할 수 없는 침묵
그리고 선택과 결정의
무거운 짐을 내려놓은 궤도 위의 삶

위험한 자유의 뿌리에서 자란 권태
일상에서 스쳐지나간 상념의 잔상들
짓누른 정염을 봇물처럼 토해낸다

삶의 무게가 된 인연의 끈을
무심(無心)으로 끊어 버리고
보도블록 틈새에 홀로 선 민들레

국외자(局外者)되어 자유의 꽃을 피웠다

민낯으로 산다

잘 나온 사진은
내가 아니다
잘 나왔다는 말은
칭찬이 아니다
어차피 사람들은
다 아니까

잠시 속일 수 있어도
언제까지나 속일 수는 없다
착각에 기댄 가면
저승까지 쓰고 갈까

흰머리 검게 물들인들
돋는 머리 검어지랴

거꾸로 가는 망상 접어놓고
기대의 무게 벗어놓고
잘못 나온 사진 한 장 내밀며
민낯으로 산다

강아지를 닮았다

귀엽고 영특한 강아지가 있었다
언제부터인가 강아지에게
우리집 구성원 사이의 서열이 정해졌다

한번 정해진 서열은 결코 변하지 않았고
나는 언제나 맨 마지막이었다
둘이 있으면 이등이지만
셋이 있으면 삼등이요
넷이 있으면 사등이었다

짐작건대 강아지의 서열 기준은
오직 누가 자기에게 잘해주는가였을 것이다
그것은 이성적 판단이 아니고
오로지 감성적 호불호의 문제였다

다른 집에서는 모두 할아버지가 최고라는데
당신은 왜 애들이 싫어하는지 아느냐고
따져 묻는 아내에게
나도 한 번쯤은 꼴찌를 면하고 싶기는 한데
'오냐 오냐' 하면 애들 버린다고 짜증을 낸다

오늘도 강아지를 닮은 손자를 보며
서열 꼴찌의 탈출을 꿈꾼다

대단한 용기

요즘 어떻게 지내나
그럭저럭 숨 쉬고 살지

글쎄 사실은 나도
뭐 하고 지내는지 몰라
생존하는 건지 생활하는 건지

언제 한번 볼까
커피 한잔 쇠주 한잔
아니 밥 한번 같이하는 건 어때

아니 그 모든 걸 해치우는 데는
가까운 산에 오르는 게 좋겠다

안부 전화 한 번 하는 데에도
대단한 용기가 필요한 요즘이다

삶과 죽음의 진행형

산다는 것은 죽는다는 것
죽는다는 것은 산다는 것
삶과 죽음의 시작과 끝은 같다

사는 동안 죽고 있고
죽는 동안 살고 있다

살며 죽는 사람은 채우고
죽으며 사는 사람은 비운다

채우고 나아가는 마음
무시로 불안이 똬리를 틀고
비우고 멈추는 마음
시나브로 평안이 움튼다

삶과 죽음의 시작과 끝은
해가 뜨고 지는 것이다

은행나무

손주를 볼 때가 되어서야
열매를 맺는다고 하여
공손수(公孫樹)라 불렸다

오랜 세월을 지나서야
열매 맺음을 본받으라고
천하대장군으로 수나무 심고
지하여장군으로 암나무 심어
배움터 앞에 짝지어 심었다

공해에 잘 견디며 공기를 정화한다고
오늘날 도심의 가로수로 서 있는 나는
여름에는 시원한 그늘을 주고
가을에는 황금빛 단풍을 흩날리며
즈려밟고 걷는 낭만을 주었다

언제부터인가 떨어진 열매의
냄새가 고약하다고
암나무는 점차로 베어지고
병아리 암수를 구별하듯
수나무로만 골라 심었다

〉
벌 나비 찾아드는 꽃다운 꽃이
없는 것도 아쉬운데
수나무로만 줄지어 선 도심의 가로수
고독을 삼키며 하늘을 향해 우뚝 섰다

류재성 시집 『소리와 인생』

5부

독백

이심전심

나 거시기 말이야. 그거 있지?
그랴, 그 거시기 말이지?
그려, 그런디 그게 좀 거시기허게 됐어
그랴, 거시기허것다. 사는 게 다 거시기헌 거제
그렁께, 거시기허지 말았어야 허는 건디
누가 거시기헐 줄 알었것냐
그렁께, 앞으로는 거시기허게 살어
그려. 니 말이 맞어

그런디, 거시기는 거시기허게 됐디야
나가 진즉 거시기헐 줄 알았제
그려, 가는 원래 조까 거시기허제

우리 거시기헝께, 거시기나 헐까?
거시기? 그거 좋지
거시기는 좀 거시기헝께, 거시기는 거시기가 좋겠지?
그랴, 나가 생각해도 거시기가 좋것다

거시기랑 같이혔으면 좋것는디
가는 요즘 거시기헝께 우리끼리 허는 게 좋것다
그려, 그러는 게 좋것다. 가자

독백 1

우연의 눈발로 흩날리다
업연(業緣)의 무게로
떨어지는 숙명
선택과 결정을 포기하고
침묵으로 외면하며 사는
인생은 그런 거다

욕망과 꿈의 사이를 오가며
확률에 기대어
속고 살아갈 남은 인생
바닷가 모래밭의 발자국 같은
흔적 하나 만들려고
몸부림치는 무리를 이탈한
나는 바람이다

자유의 날개를 접게 한
시선들 아랑곳하지 않고
침묵으로 숙명을 거부하며
둥지를 튼 지하 공간

〉
만능의 포커페이스
텅 빈 배낭 하나 둘러메고
기약 없는 여행을 나서는
나는 자유인이다

권태라는 이름의
값비싼 대가를 지불하고
공(空)의 기적을 꿈꾸며
사치스런 고독으로 허무에 몸을 숨긴

나는 도시의 자연인이다

독백 2

마주하면 오고
등지면 간다
앞날을 생각하며 피우는
담배 한 개비에 세월은 오고
지난날 얘기하며 나누는
탁배기 한 잔에 세월은 간다

"진작에 알았더라면"

우울의 정체를 찾아 나선
사치스런 고독
후회의 무덤을 파지 말자

꿈과 절망 기쁨과 슬픔은
동전의 양면
자유의 대가로 지불하는 권태
사치스런 고독으로 포장하며
조개처럼 굳게 닫힌 침묵

존재의 이유를 더듬다가
우연의 가면을 쓴 인연에

〉
"언제 차 한잔합시다"

무심코 던지는 한마디
족쇄가 될까 두려울 때면
만우절이길 바라며
자유의 날개를 편
나는 한 조각 구름이다

무위의 자유

인생의 끝자락
거부할 수 없는 외로움을 삭이며
묵은 가슴앓이 쓸어갈 무위
그 핑계, 허무의 늪에서
나를 찾아 떠난다

황혼녘 길어지는 자유의 그림자
못다 한 미련 어지러이 토해내는
자유의 거센 파도

그 깊은 속에
또아리를 튼
우울을 쫓아내고
무시로 선택을 강요하는
자유의 멍에를 벗으리

오늘 지금 여기에서
마냥 취해 살지라도

침묵의 변

선불리 다가서다
깊은 수렁에 빠질까
침묵에 기댄다

진을 치든 꿈을 깬 듯
내뱉는 "거시기"
기다림의 적막이
토해내는 신음 "거시기"

나도 모르는 내 마음
민낯을 내밀 때까지
조개처럼 굳게 닫힌 입은

당신에게 다가서는
어눌한 몸짓이다

카톡

그동안 무심코 내뱉은
"언제 소주 한잔합시다"
허튼 말이 아니었다

안부를 묻고 싶어도
약속을 잡을 작정이 아니라면
언제나 머뭇거린다

마지막 말이 같은 말이 되어
으레껏 하는 인사가 되고
시간 내기 어려운 속사정을
행여 핑계라고 오해하면 어쩌나

소통은 존재의 계속성
그대가 나를 안다면
그대는 나의 존재 이유다

약속 없는 만남
뜻하지 않은 만남은
존재의 행운이다

〉
너무 오래되어
안부를 묻는 것조차 멋쩍을 땐
퍼 나르는 카톡이라도 날려볼까

시간과 흔적

시간을 삽질하며
허공에 새기는 이름
바람이 불지 않아도
때가 되면
낙엽 되어 사라질 이름

내 곁을 스쳐갔던
셀 수 없이 많은
이들의 연락처는 망실되어 가고
이름마저 잊혀진다

어제의 나는
오늘의 내가 아니다
누군가에게 나 또한 잊혀지리라

시간을 파는 가게에는
존재의 집이었던
시간은 없고
그 희미한 흔적만 있었다

거시기하다

개구즉착이라 했던가!
그리하여
거시기는 묵언수행이다

말문이 막혔을 때
터져 나오는 거시기는
어쩌면
나의 영혼의 속삭임이다

이 험한 세상에
때로는 선무당이라는 비난의 회피 통로이며
어쩌면 속물의 변명이다

눈빛만 보아도
서로를 이해하는 이들 사이에는
이심전심 만능의 소통어이지만
서로 다름의 다툼을
피하려는 배려이리라

그리하여
하고 싶은 말은
"요즘 돌아가는 세상 참 거시기하다."

진실은 외롭다

거짓은 진실을 이길 수 없다지만
진실의 가면을 쓰고
고정관념에 또아리를 튼 거짓은
진실을 이기기도 한다

어둠은 빛을 이길 수 없다지만
블랙홀이 된 어둠은 빛을 삼킨다

진실은 기어가는 거북이
거짓은 뛰어가는 토끼
거짓이 판치는 세상에서
지연된 진실은 거짓을 이길 수 없다

진실 같은 거짓
거짓 같은 진실
진실과 거짓이 숨 쉬는 고정관념은
그 무덤이 되기도 한다

벌떼처럼 웅웅거리며
다수가 된 거짓 속에

뚜벅뚜벅 걸어 다니며
소수가 된 진실은
날아다니며 다수가 된 거짓을 이길 수 없다

이 어지러운 세상에
꾸준함과 인내를 감내해야 하는
포기할 수 없는 진실은
보도블록 틈새에 뿌리내린
민들레처럼 외롭다

하늘 강둑이 무너졌나

소나기 가랑비 이슬비는 내리고
부슬비 이슬비는 흩날린다
때맞추어 알맞게 오는 비는
대지를 적시는 뭇 생명의 축복이다

푸른 하늘 높이 떠
흘러가는 뭉게구름은 멋스런 꽃이 되어
삭막한 도시를 위무(慰撫)한다

해를 가린 검은 구름 장대비는
정겨운 빗소리와 함께
한여름 무더위를 식히며
도시의 먼지를 쓸어간다

지난밤에는
대기의 강을 몰고 온 먹구름
지축을 흔드는 천둥소리에
강둑이 무너지며 하늘구멍으로
물 덩이가 쏟아져 내렸다

〉
비가 내린 것이 아니라
물 덩이가 쏟아진 것이다
삶의 터전을 송두리째 앗아가는
최후의 날 같은 기상이변이 두렵다

노년의 삶

적당히 포기하며 사는 사람은
희망의 미끼를 물지 않는다

성공담이 터 잡은 뻐꾸기 둥지에
자유를 저당 잡히지 않고
오로지 일탈의 비상을 꿈꾼다

작은 행운은 우연이려니
큰 행운은 빚이려니 생각하면
어차피 인생은 본전 아닌가

이미 지나간 과거일랑
다림질하려 하지 말게나
노년이 더욱 추해지지 않겠나

멍든 가슴 먹물 되어

쇠로 된 절굿공이
갈고 갈고 또 닦아
마침내 바늘을 만들겠다는 인고의 세월

검게 탄 멍든 가슴에
씨간장이 된 진한 먹물
붓으로 생명 받아
담아내는 수련의 향기

속이 터지는 가슴에
스멀스멀 기어 나오는 묵향
백발이 된 종이 위에
붓놀림으로 좇아가니
인생길 어스름에 다스름이 되었다

씨간장 묵은 맛을
먹물로 풀어내며
붓끝에 실어 보내는 질박한 인생길

해어름의 사색

빛을 향해 서면 자기 그림자를 볼 수 없고
타인의 시선이 아니면 뒤태를 볼 수 없다
나는 새는 뒤를 볼 수 없고
달리는 차의 운전자는 풍광을 볼 수 없다

때로 신념은 차안대(遮眼帶) 낀 경주마 되어
거짓과 진실을 알 수 없게 한다
갑자기 눈을 뜬 장님이
자기 집을 찾지 못하는 것은
큰 행운이 감당해야 할 몫이다
차라리 지팡이 같은 작은 행운이 더 나을 수도 있다

거짓이 똬리를 튼 신념의 토양에
깊이 뿌리내린 고목의 잎새는
때가 되면 하염없이 떨어진다

그리움이 커지는 나이
하루는 길고 일 년은 짧은
지름길로 오는 황혼에
일탈을 꿈꾸는 자유인에게
사랑 미움 미련 꿈은 자유의 적이다

〉
인생의 해어름에서
그림자를 보고 뒤태를 보고 풍광을 보고
진실을 알고 적당히 포기하며 자유를 찾는다

어눌한 말의 향기와
침묵으로 토해내는
웅변을 알아차리는
해어름의 사색은 아름다운 일몰이다

봄은 침묵의 종착역

겨우내 움츠리고 비목(碑木)처럼 견디며
말 못 할 속사정은 옹이눈이 되었다

절망 속에 다가서는 희망
기대만큼 커지는 절망 속에
잔인한 겨울은 감옥이 되었다

죽은 듯이 감추어 두었던
강인한 생명력은 희망의 씨앗이 되었다
절망과 체념 속에 자유의 상념을 붙들고
조개처럼 입을 굳게 다물고 기다렸다

몰아쉬는 숨이듯 한숨으로 부는
봄바람 타고 마침내 터지는 외침은
감당할 수 없는 오랜 침묵의
절절한 염원의 함성이다

내일 다시 깨어날지 알 수 없는
귀밑머리 희어진 늙은이에게도
잔인한 겨울을 지내며 피어난 홍매화는
또 다른 삶을 꿈꾸는 바램의 동반자
거부할 수 없는 봄은 침묵의 종착역이다

| 작품 해설 |

판소리와 시의 놀라운 컬래버레이션
- 류재성 시인의 『소리와 인생』을 감상하고 -

문학평론가 리 헌 석
사단법인 문학사랑협의회 이사장

1.

 규문(奎門) 류재성(柳在成) 시인은 국영기업인 한국수자원공사에서 퇴임한 후, 국악과 문학에 입문하였고, 투 트랙에서 성공한 예술인입니다. 특히 국악 분야의 '판소리'에서 흥보가를 완창(完唱)하여 놀라운 성과를 거두었으며, 언론에서 대서특필한 바 있습니다. 국악인 사이에서 판소리 한마당을 완창한다는 것은 아무나 이룰 수 없는 '통쾌하고 장한 일'로 수용됩니다.
 판소리는 여러 사람이 모여 있는 장소를 가리키는 '판'과 노래를 뜻하는 '소리'의 합성어입니다. 판소리는 한 명의 소리꾼과 한 명의 고수(鼓手)가 음악적 여러 요소를 연행(演行)하는 국악의 한 장르입니다. 표현력이 풍부한 창(노래)과 아니리(말, 현대의 '랩'과 유사함), 사설(이야기)과 너름새(몸짓) 및 발림(손짓 발짓) 등으로 구연(口演)합니다. 판소리의 창자(唱者)는 다양하고 독특한 음색을 터득해야 하고, 복잡한 내용을 모두 암기해야 하므로, 오랜 기간 혹독한 수련을 거칩니다. 이와 같은 수련 과정이 작품에 담겨 있습니다.

> 세월의 담금질 따라
> 잘 익으면
> 겨레의 혼이 깃든
> 나랏소리
> 하얀 도포 자락에 실어
> 합죽선 발림으로
> 날려 보내리라
> – 「판소리」 일부

〈세월의 담금질 따라〉에서 '담금질'은 높은 온도의 쇠를 갑자기 냉각시켜 강한 쇠를 만드는 제강법에서 유래한 시어(詩語)입니다. 이 시어의 원관념은 오랜 기간의 '단련(鍛鍊)'과 닿아 있습니다. 제대로 된 정금(精金)을 구하기 위해 수많은 단련 과정을 거치게 되는데, 이는 '정금(精金) 백련(百鍊) 출홍로(出紅爐)'에서 비롯된 과정의 비유적 표현입니다.

단련이 잘 되면(잘 익으면) 판소리는 〈겨레의 혼이 깃든 나랏소리〉로 승화됩니다. 흰 도포 자락에 합죽선을 펼치며 소리와 발림으로 완성하겠다는 의지를 담아내고 있습니다. 규문 선생은 판소리 연행은 물론, 시인으로 등단하여 시 창작에도 능한 분입니다. 부창부수(夫唱婦隨)랄까, 그의 배우자 규원(奎苑) 김월주(金月珠) 서예가 역시 고희(古稀) 기념으로 서예 개인전을 준비하고 있는데, 그는 아내의 서전(書展)에 축시(祝詩)로 화답하고 있습니다.

쇠로 된 절굿공이
갈고 갈고 또 닦아
마침내 바늘을 만들겠다는 인고의 세월

검게 탄 멍든 가슴에
씨간장이 된 진한 먹물
붓으로 생명 받아
담아내는 수련의 향기

속이 터지는 가슴에
스멀스멀 기어 나오는 묵향
백발이 된 종이 위에
붓놀림으로 좇아가니
인생길 어스름에 다스름이 되었다

씨간장 묵은 맛을
먹물로 풀어내며
붓끝에 실어 보내는 질박한 인생길
  -「멍든 가슴 먹물 되어」전문

    4연으로 된 이 작품은 기승전결(起承轉結) 구성으로 완결미를 갖춥니다. 기(起)에 해당하는 1연은 서예작품 100여 점을 완성하여 개최하는 전시회를 철저마침(鐵杵磨針)에 비유하고 있습니다. 승(承)에 해당하는 2연의 주요 시어는〈씨간장이 된 진한 먹물〉과〈수련(修鍊)의 향기〉입니다. 은유를 통하여 고단한 작업 후에 찾은 보람의 형상화가 오롯합니다.

전(轉)에 해당하는 3연은 〈인생길 어스름(어둑어둑한 상태)〉에 다다른 시기에 자신은 판소리 '흥보가'를 완창하는 기염을 토하였고, 아내는 첫 서예 개인전을 펼치면서 〈다스름(試演)〉의 경지에 이르렀음을 자부합니다. 결(結)에 해당하는 4연에서 시인은 씨간장 묵은 맛(오랜 수련의 원숙미)을 먹물로 풀어내어, 서전(書展)을 펼치는 아내를 축하하고 있습니다.

2.
흥보가를 완창한 류재성 시인은 판소리에 대한 깊은 애정으로 판소리를 구성하고 있는 용어들을 활용하여 시를 빚습니다. 시 한 편만 제대로 감상하면, 판소리 용어의 초급 전문가 역할을 할 정도입니다. 이러한 시도는 특정 분야에서 일가(一家)를 이룬 사람들이 왕왕 자신이 이룬 분야를 홍보하기 위해 해왔습니다.

판소리 용어의 백화점과 같은 작품 「소리와 인생」의 구성도 기승전결로 되어 있습니다. 아래에 예를 든 부분은 1연이면서 기(起)에 해당합니다. 이 부분은 느린 속도로 시작됩니다. 능수버들이 실바람에 흔들리는 것과 같은 진양조입니다. 돌이켜보면 〈때 지난 아쉬움〉도 드러날 터이고, 그러한 추억을 표현하는 데에는 현대 음악의 랩과 같은 '아니리'가 제격입니다. 느린 진양조는 〈부드럽고 슬픈 느낌을 주어 한(恨)을 느끼게 하는 계면조〉가 잘 어울립니다.

    진양조로 오던 세월
    때 지난 아쉬움

아니리로 풀어내며

계면조 신음소리에 날려 보낸다

  – 「소리와 인생」 일부

  느린 장단으로 화평, 한가, 애연, 비장한 상황에 쓰이는 진양조에서 조금 빨라지면 중모리, 중중모리, 자진모리, 휘모리장단으로 전개됩니다. 2연에서는 〈휘모리로 앞서간 사람〉〈자진모리로 뒤쫓는 사람〉〈중모리로 힘겹게 뒤따르는 사람〉 등의 표현으로 속도감을 표현합니다. 3연의 끝부분에서 〈휘모리로 가는 세월/ 중모리로 돌려놓고〉는 절정(絶頂)에서 대단원(大團圓)으로 넘어가는 전환(轉換) 과정일 터입니다.

  판소리의 빠르기를 활용하여 여러 상황을 노래하면서도, 4연처럼 〈지난 세월일랑/ 빛나는 실패로 재구성하여/ 엇모리로 산다.〉고 정리합니다. 엇모리는 접두사 '엇'에 의하여 '엇나갈 것' 같은 느낌을 줍니다. 국악 공연에서 변화를 주기 위해 새롭게 찾아낸 장단으로 보면 될 것 같습니다. 판소리에 인용되어 있는 한시 혹은 시조창에서 첫 부분을 높은 소리로 질러 부르는 '소리지름' '지름소리' 등도 있습니다. 진양조에도 다양한 이름이 붙고, 지름이나 다스름에도 다른 접두어 및 접미어가 붙는 등 아주 복잡하기 때문에 판소리를 완창하는 것은 불가사의한 일로 수용됩니다. 그리하여 판소리를 배우는 것 또한 불가해(不可解)함을 작품에 담아내었는데 표현상의 은유가 빛납니다.

소리 배우기는

작두로 샘물 퍼 올리기다

곰삭은 목 마중소리 삼아

퍼내야 하는

소리 배우기는
무지개 잡기다
곰삭은 마중소리 쫓아가면
다시 멀리 가 있는

소리 배우기는
영적 체험이다
체험해 보지 않고서는
도저히 알 수 없는

소리 배우기는
체기를 토해냄이다
숨어있는 앓는 소리
토해내어 시원한
　　-「소리 배우기」 전문

  1연의 〈소리 배우기는/ 작두로 샘물 퍼 올리기다〉에서 작두는 물건을 자르는 도구이지 물을 푸는 바가지 역할을 할 수 없는 도구입니다. 〈소리 배우기는/ 무지개 잡기다〉에서 다가가면 멀리 도망가기 때문에 도저히 잡을 수 없는 실체입니다. 〈소리 배우기는/ 영적 체험이다〉에서 체험하지 않은 사람은 이해할 수 없는 불가사의일 터입니다. 〈소리 배우기는/ 체기를 토해냄이다〉에서는 단련하여 토해낼 수 있다면, 시원한 노래가 될 것이라는 암시입니다.

류재성 시인은 이처럼 배우고 익히기 어려운 판소리를 시로 승화시킵니다. 이는 고려시대의 「정석가」에서 보이는 반어와 역설의 양식에 닿아 있습니다. <바삭바삭 가는 모래 벼랑에/ 구운 밤 닷 되를 심습니다/ 그 밤이 움이 돋아 싹이 나야만/ 유덕하신 님을 이별하고 싶습니다.>에서 구운 밤은 익었기 때문에 싹이 날 수 없으므로, 유덕하신 님을 절대로 이별하지 않겠다는 의지입니다. 표면적으로는 조건만 갖추어지면 이별하겠다고 하면서도, 반어적 조건은 새로운 역설을 생성하고 있는데, 류재성 시인의 작품 역시 동질성을 띱니다.

3.

고도로 높은 경지의 예술을 지향하는 예술가들은 항용 절대 고독에 휩싸인다고 합니다. 위를 향하여 오르면 오를수록 고독의 깊이가 더 짙어지게 마련이라고 합니다. 때로는 그 고독에서 빠져나오려고 하면 할수록, 그 고독은 더욱 옥죄게 마련이어서 도저히 헤어날 수 없는 심연에 가라앉게 된다고 합니다. 이런 상황에서 스스로에게 남기는 독백이 작은 피난처로 작용합니다.

규문 류재성 시인 역시 판소리에 대한 자부심과 함께, 때로는 더 높은 경지를 지향하다가, 돌아서야 하는 허망의 그물에 걸렸던가 봅니다. 예술과 맺은 인연이 필연일까? 아니면 겨울날 머리칼에 내려앉는 눈발처럼 우연일까? 우연이라고 해도 그것은 몇 겁의 과거에 맺었던 업연(業緣)이 아닐까? 그 업연에 따라 자신에게 다가온 숙명은 아닐까? 가끔 이런 가상(假像) 속에서 삶의 의미를 찾는 것 같습니다.

> 우연의 눈발로 흩날리다
> 업연(業緣)의 무게로
> 떨어지는 숙명
> 선택과 결정을 포기하고
> 침묵으로 외면하며 사는
> 인생은 그런 거다
>   – 「독백 1」 일부

  그는 욕망과 꿈의 사이를 오간다고 실토합니다. 그러나 욕망의 색채가 붉다한들 어찌 붉기만 할 것인가? 꿈의 색채가 싱그러운 청색이라고 한들 어찌 그것만이 실상이겠는가? 그의 내면을 엿보게 되면, 바닷가 모래밭에 발자국을 남기는 것과 같이 스스로 속고 살아온 인생이라는 독백에 이릅니다. 허망한 가운데에서도 흔적을 남기고자 몸부림치는 바람과 같다고 방백(傍白)합니다.

  바람과 같이 자유의 날개를 접으며, 때로는 침묵하는 것으로 스스로 자유인이고자 합니다. 텅 빈 배낭 하나 둘러매고 기약 없는 여행을 나서는 자유인이고자 합니다. '권태'로 인한 값비싼 대가를 지불하고, 공(空)의 기적을 꿈꾸며 허무에 몸을 숨긴 '도시의 자유인'이고자 합니다. 고희(古稀)를 넘긴 시인은, 스스로 자각하고 있는 〈인생의 끝자락〉에서 〈거부할 수 없는 외로움을 삭이며/ 묵은 가슴앓이〉를 풀어내고자 노자(老子)의 '무위(無爲)'를 작품에 옮깁니다.

> 인생의 끝자락
> 거부할 수 없는 외로움을 삭이며

묵은 가슴앓이 쓸어갈 무위
그 핑계, 허무의 늪에서
나를 찾아 떠난다

황혼녘 길어지는 자유의 그림자
못다 한 미련 어지러이 토해내는
자유의 거센 파도

그 깊은 속에
또아리를 튼
우울을 쫓아내고
무시로 선택을 강요하는
자유의 멍에를 벗으리

오늘 지금 여기에서
마냥 취해 살지라도
 – 「무위의 자유」 전문

 규문(奎門) 류재성 시인은 무위를 지향할 수밖에 없는 허무의 늪에서도 자신을 찾아 떠납니다. 인생의 황혼녘에 길어지는 자유의 그림자가 있습니다. 특히 은유로 치장한 '자유의 거센 파도'가 토해내는바, 은유로 다가오는 '자유의 그림자'는 그가 시인일 수밖에 없음을 입증하는 단서입니다. 그 자유의 깊은 속에 또아리를 틀고 있는 우울을 쫓아내고, 선택을 강요하는 자유의 멍에를 벗고자 합니다.
 시인이 찾아낸 '자유의 그림자' '자유의 거센 파도' '자유의 멍에' 등 일련의 은유가 시의 격조를 높이고 있습니다. 〈오늘 지금 여기에서/ 마냥 취해 살지라도〉, 즉 무위의 삶을 영위할지라도, 그는 철학의 구체화를 통해, 관념을 실체화하는 고도의 표현 기법을 찾아내려는 노력을 쉬지 않을 터입니다.

4.
　류재성 시인은 작품에 직설적으로 종교적 속성을 드러내지는 않습니다. 그러나 작품 「삶과 죽음의 진행형」에서는 향훈(香薰)과도 같은 불교적 실마리가 보입니다. 현재 불교 신자는 아닐지 모릅니다. 어쩌면 어린 시절의 토속 불교 영향을 받았거나, 판소리나 문학작품 속에 녹아 있는 불교적 잔상이 투영되었을 수도 있습니다. 그렇지만 〈산다는 것은 죽는다는 것/ 죽는다는 것은 산다는 것〉과 같이 꼬리에 꼬리를 잇는 철학적 명제, 〈사는 동안 죽어 있고/ 죽는 동안 살아 있다〉는 것 역시 불교의 윤회 사상에 닿아 있습니다.

> 산다는 것은 죽는다는 것
> 죽는다는 것은 산다는 것
> 삶과 죽음의 시작과 끝은 같다
>
> 사는 동안 죽어 있고
> 죽는 동안 살아 있다
> 　- 「삶과 죽음의 진행형」 일부

　3연의 〈살며 죽는 사람은 채우고/ 죽으며 사는 사람은 비운다〉 역시 불교적 반어이자 역설일 터입니다. 죽은 사람이 현세를 채운다는 것이나, 살아 있는 사람이 현세를 비운다는 발상 역시 선적(禪的) 인식에 기반합니다. 자신이 채우면서도 자신의 의지에 반하여 비워질까 봐 불안하기 마련입니다. 그러다가 욕심을 비우자, '평안'이 움트는 역설적 발상이 참으로 신선합니다.

이러한 인식의 바탕에서 시인은 〈삶과 죽음의 시작과 끝은/해가 뜨고 지는 것〉이라는 논리적 합리화에 이릅니다. 그리하여 연못에 피어 있는 꽃을 보면서, 자신이 쌓아 올린 성채(城砦)의 '거룩한 이심전심'을 찾아냅니다.

      잿빛 수렁 깊은 어둠
      업연의 실마리

      비움으로 풀어내며
      흐린 세상에 펼친 날개

      일심으로 세운 꽃대
      분홍빛 얼굴

      미소로 속삭이며
      전하는 거룩한 이심전심
       – 「연꽃」 전문

눈에 보이지는 않지만, 연못의 바닥은 잿빛 수렁(흙탕)일 터입니다. 그 수렁은 깊은 어둠으로 존재하지만, 존재하는 것만으로도 〈업연(業緣)의 실마리〉라는 고도의 은유를 생성합니다. 시인은 업연의 실마리마저 비우기 위해 흐린 세상에 선한 날개를 펼칩니다. 그 가피를 받은 세상에는 〈일심으로 세운 꽃대〉에 연꽃이 피어납니다. 그 꽃은 염화시중(拈華示衆)의 자비로운 미소로 속삭이며 전합니다. 〈거룩한 이심전심〉이 세상에 가득하기를 기원합니다.

우리 겨레의 판소리, 그중에서 흥보가를 완창한 신념의 소유자 규문 류재성 선생이 앞으로 열어 갈 국악의 새 지평을 박수로 응원합니다. 이와 함께 신념 어린 시어와 표현으로 독자적 시 세계를 구축한 선생의 시업(詩業)이 더욱 아름답게 펼쳐지기를 기원하며, 선생의 첫 시집에 수록된 작품 감상을 맺습니다.

소리와 인생
류재성 시집

발 행 일	2024년 10월 15일
지 은 이	류재성
발 행 인	李憲錫
발 행 처	오늘의문학사
출판등록	제55호(1993년 6월 23일)
주 소	대전광역시 동구 대전로 867번길 52(삼성동 한밭오피스텔 401호)
전화번호	(042)624-2980
팩시밀리	(042)628-2983
카 페	http://cafe.daum.net/gljang(문학사랑 글짱들)
인터넷신문	www.k-artnews.kr(한국예술뉴스)
전자우편	hs2980@daum.net
공 급 처	한국출판협동조합
주문전화	(02)716-5616
팩시밀리	(02)716-2999

ISBN 979-11-6493-348-8
값 10,000원

ⓒ류재성 2024

* 이 책의 판권은 저작권자와 오늘의문학사에 있습니다.
* 이 책은 E-Book(전자책)으로 제작되어 ㈜교보문고에서 판매합니다.
* 잘못 만들어진 책은 구입하신 서점에서 교환해 드립니다.